1879

SOCIÉTÉ LANGUEDOCIENNE DE GÉOGRAPHIE.

CONGRÈS

DES

SOCIÉTÉS DE GÉOGRAPHIE

DE FRANCE

A MONTPELLIER

AOUT 1879.

MONTPELLIER
TYPOGRAPHIE ET LITHOGRAPHIE DE BOEHM ET FILS
Imprimeurs de la Société Languedocienne de Géographie.
rue d'Alger, 10.

1879

SOCIÉTÉ LANGUEDOCIENNE DE GÉOGRAPHIE.

CONGRÈS

DES

SOCIÉTÉS DE GÉOGRAPHIE

DE FRANCE

A MONTPELLIER

AOUT 1879.

MONTPELLIER
TYPOGRAPHIE ET LITHOGRAPHIE DE BOEHM ET FILS
Imprimeurs de la SOCIÉTÉ LANGUEDOCIENNE DE GÉOGRAPHIE.
rue d'Alger, 10.

1879

Extrait du 5ᵉ Bulletin de la Société LANGUEDOCIENNE DE GÉOGRAPHIE.
(Mars 1879.)

CONGRÈS
DES
SOCIÉTÉS DE GÉOGRAPHIE DE FRANCE A MONTPELLIER
(Août 1879.)

Le mois d'août prochain verra s'accomplir deux événements importants pour la réputation scientifique de notre Languedoc.

Les membres de l'Association pour l'Avancement des Sciences tiendront leurs assises annuelles à Montpellier, et les délégués des Sociétés françaises de Géographie se réuniront, pour leur second Congrès, au siége de la Société Languedocienne.

Notre Société espère que les intelligentes et libérales populations du Languedoc, qui ont fait à ses débuts un accueil si encourageant, apporteront le même concours empressé à la solennité géographique qu'elle prépare, et qui ne doit pas être moins profitable aux intérêts et au renom de notre région qu'aux progrès de la science.

Le programme des questions qui seront traitées dans le Congrès, et qu'on trouvera plus loin, appelle les efforts de tous les Sociétaires de bonne volonté, de ceux surtout que leurs études personnelles ont préparé à la discussion des problèmes proposés.

En même temps que seront débattues par les membres du Congrès les questions indiquées dans le programme, une Exposition géographique aura lieu.

Les circulaires ci-jointes de M. P. de Rouville et de M. Revillout déterminent d'une façon détaillée la nature des objets qui doivent figurer dans cette Exposition.

Tous les travaux exécutés, soit dans les écoles par les maîtres ou par les élèves, soit chez les particuliers amis de la géographie, seront reçus avec faveur et jugés avec impartialité. La Société s'efforcera de mettre en lumière et d'encourager le mérite et les efforts par tous les moyens de publicité et par les récompenses dont elle dispose.

A côté des travaux originaux, dont l'initiative est laissée à l'intelligence et au goût de chacun, l'Exposition géographique rassemblera les documents rares ou intéressants qui concernent l'histoire de la géographie, et en particulier de la géographie du Languedoc.

Nous faisons appel au zèle des Archivistes, des Bibliothécaires, à la bonne volonté de tous. Que les archives des communes comme celles des familles soient fouillées avec soin. Nous serons heureux de signaler à l'attention des savants géographes qui viendront au Congrès, tous les documents qui nous seront envoyés ; et peut-être révélerons-nous à leurs propriétaires des trésors ignorés, en même temps que nous aiderons à faire valoir des documents d'une importance reconnue.

En tout cas, l'histoire de la géographie du Languedoc ne pourra que bénéficier de toutes les communications.

Les personnes qui seraient disposées à prendre part à l'Exposition sont priées de vouloir bien nous informer au plus tôt de leur résolution, et de préciser à l'avance la nature des envois qu'elles ont l'intention de nous faire.

Les envois acceptés par la commission de l'Exposition géographique seront reçus, jusqu'au 1er août 1879, au Secrétariat de la Société, rue Basville, 10, à Montpellier. La Société se charge naturellement de tous les frais de réception et de restitution des objets exposés.

D. NOLEN,
Secrétaire Général de la Société Languedocienne de Géographie.

CIRCULAIRE RELATIVE A LA RÉUNION DE DOCUMENTS EN VUE DE L'EXPOSITION GÉOGRAPHIQUE DE 1879.

Les Sociétés de Géographie de France ont émis le vœu, dans le Congrès qu'elles ont tenu à Paris au mois d'août dernier, que, chaque année, les Sociétés de Géographie se réunissent dans une ville de province, siége d'une Société sœur, afin d'étudier successivement chacune des régions naturelles du pays ; elles ont pensé, en outre, qu'une Exposition de tous les travaux et de tous les documents géographiques qui peuvent s'être produits ou se trouver au foyer de la réunion serait un précieux élément pour la connaissance de la région.

La Société de Géographie de Montpellier, née d'hier, et déjà florissante, grâce à l'empressement et à la sympathie qui ont salué son premier établissement, a eu l'honneur d'être désignée comme devant inaugurer cette année cette réunion de toutes les Sociétés géographiques de France.

Honneur oblige ! Nous croyons qu'il nous convient de répondre dignement à un appel aussi flatteur.

Déjà des dons spontanés de généreux possesseurs de Cartes intéressantes ont formé un noyau autour duquel viendront certainement se grouper d'autres documents : M. le docteur Granel, de Saint-Pons ; M. Kühnholtz, MM. Blouquier et Leenhardt, M. Soubeiran, ont fourni les premiers matériaux de cette collection, en Cartes locales et générales et de pays étrangers. Les salles que M. le Maire de Montpellier a bien voulu mettre à notre disposition dans une maison (n° 2) de la Barralerie, pour y disposer nos archives, permettront à nos compatriotes de prendre connaissance des premières richesses de notre Société. Un certain nombre d'amateurs distingués, d'éditeurs de notre ville, ont bien voulu nous promettre la disposition temporaire de cartes, d'albums, de livres rares afférents à la géographie ; les administrations de nos bibliothèques publiques écouteront avec faveur notre appel.

Le champ de la géographie est vaste. « La géographie, disait tout récemment un de nos maîtres les plus autorisés, M. Cortambert, la géographie est le tableau vivant et animé de la nature, la description pleine de charme des merveilles du monde et des innombrables productions qui servent à nos usages ou à notre agrément, la peinture curieuse des peuples et de leurs mœurs, le guide indispensable du commerce aussi bien que de l'histoire, l'inspiration des grands voyages qui nous dévoilent des régions inconnues et préparent à l'humanité de nouvelles richesses, de nouvelles voies. »

Cette énumération des divers aspects sous laquelle la Société que nous représentons peut être envisagée, contient en elle-même les sortes diverses de documents qui doivent composer une Exposition géographique : peintures de lieux classiques, de paysages au caractère accentué, tableaux de statistique économique et commerciale, représentations de productions locales, catalogues ou spécimens des végétaux et des animaux caractéristiques de la région étudiée, projets, conceptions individuelles de contrées à visiter, de voies à ouvrir, de produits à importer ;... en un mot, mise en relief, sous une forme quelconque, des divers éléments topographiques, économiques, commerciaux d'une contrée, ou des transformations dont elle est susceptible par la main de l'homme : tel est le cadre vivant et large où doit se mouvoir une Exposition géographique.

C'est à remplir ce cadre dans les limites de nos moyens que nous convions nos compatriotes.

Le mémorable événement international qui vient de s'accomplir au palais du Trocadéro et au Champ-de-Mars, à Paris, ne saurait s'être produit sans laisser après lui une émulation générale à rassembler localement et partiellement les ressources individuelles dans un but spécial, pour la meilleure instruction de tous. Le bien et le bon sont indépendants de la mesure dans laquelle ils s'accomplissent ; nous croyons donc faire une œuvre, sinon nationale, du moins intéressante pour notre région, en provoquant ce nouveau rapprochement des richesses particulières.

L'Association scientifique pour l'Avancement des Sciences tiendra ses assises, à la même époque, dans notre ville ; elle sera l'occasion des mêmes manifestations dans tous les domaines de la science médicale, physique, chimique, sciences naturelles, mathématiques ; des représentants éminents et en grand nombre de ces diverses branches de nos connaissances se sont donné rendez-vous à Montpellier le 28 août de cette année.

La Société Languedocienne de Géographie serait heureuse de contribuer pour sa part au lustre de cette réunion ; elle réclame, à cet effet, le concours de tous les habitants du Languedoc ; leur bonne volonté ne lui fera pas défaut.

Des mesures ultérieures seront prises pour assurer à tous les objets exposés les meilleures conditions de bon emploi, de bonne conservation et de prompt retour à leurs possesseurs.

P. DE ROUVILLE,
Président de la Société Languedocienne de Géographie.

Circulaire relative aux Cartes scolaires.

Un Congrès général des Sociétés géographiques doit se réunir à Montpellier dans les derniers jours du mois d'août prochain.

A cette occasion, la Société Languedocienne de Géographie a résolu de préparer une Exposition et d'établir un concours pour encourager, dans les écoles, l'étude de la géographie.

Des prix seront, en conséquence, accordés aux Cartes scolaires qui paraîtront répondre le mieux aux intentions de la Société, c'est-à-dire qui auront été le plus utiles à l'instruction géographique des élèves.

Il est inutile ici de montrer les avantages de tracer des Cartes ou des croquis, soit avec la craie sur le tableau noir, soit à l'encre et au crayon sur du papier.

Les croquis au tableau ont la grande utilité de familiariser les yeux et la main avec la forme générale des contrées, la direction des fleuves et des montagnes, et la situation des lieux. Ceux qui ont été souvent exercés à ce travail finissent même par retrouver sur toute surface plane, sans l'aide de la craie, du crayon ou de la plume, les contours et les emplacements principaux des pays étudiés.

Il n'est pas moins important d'habituer les élèves à faire des Cartes sur le papier ; mais il est essentiel de se mettre en garde contre un usage encore trop général, et qui ne tend rien moins qu'à substituer un simple exercice de dessin à l'étude de la géographie.

Copier une Carte avec soin et de la manière la plus agréable à l'œil, est certainement une œuvre utile : c'est un travail d'imitation qui a son prix et son mérite comme tous les autres travaux graphiques. On peut donc y exercer parfois les élèves, et surtout ceux qui ont une grande dextérité de main ; mais l'on ne saurait oublier que c'est un ouvrage de longue haleine, qui demande beaucoup de temps, d'art et de patience ; en un mot, un exercice de dessin et non un moyen d'apprendre la géographie. Il est même arrivé souvent à ceux qui réussissent le mieux dans ce travail d'avoir reproduit avec une habileté surprenante et une précision toute chinoise les Cartes les plus chargées, et de ne pas savoir un seul mot des choses qu'ils ont transcrites d'une manière si servile.

Ce ne sont point des Cartes de ce genre qu'il faut demander habituellement aux élèves. Une Carte scolaire atteint son but lorsque, du premier coup d'œil, l'on peut y reconnaître les limites des contrées, le cours et la ceinture des fleuves et de leurs principaux affluents, les villes importantes ; en un mot, les détails les plus saillants et les plus nécessaires à retenir. Une telle Carte doit être tracée aussi bien que possible, mais avec assez de rapidité pour que l'on puisse répéter souvent l'exercice.

La géographie physique doit en former la base ; les lignes de latitude et de longitude, la direction des fleuves, les chaînes des montagnes, le littoral des mers, en sont les parties essentielles. Les villes considérables doivent y être marquées comme points de repère, même quand on ne se propose que l'étude de la géographie physique, car les villes sont un moyen facile de se reconnaître et de s'orienter.

Au tracé doit s'ajouter une nomenclature bien lisible, bien disposée, dont les noms soient aussi près que possible des points et des lignes qu'ils sont destinés à indiquer. Ces noms doivent être écrits, non pas à rebours et dans tous les sens, mais de sorte que l'œil puisse facilement les reconnaître, les lire et les rapporter rapidement aux choses qu'ils désignent.

Quant aux détails à mettre dans une Carte, ils dépendent surtout de la nature même de cette Carte.

Si la Carte est ce qu'on appelle universelle, c'est-à-dire a pour but de représenter, ou le globe tout entier, ou seulement une des cinq grandes parties du monde, elle doit contenir : au point de vue physique, les mers, les grands golfes, les chaînes qui partagent les eaux en versants et en bassins, les fleuves principaux et leurs grands affluents ; au point de vue politique, les limites des contrées, leurs capitales, les villes très-importantes, les grands ports.

Tout ce que l'on y mettrait de plus ferait de la Carte un travail trop considérable, hors de proportion avec le temps qu'y peuvent consacrer les élèves et avec le profit qu'ils en sauraient tirer.

La Carte générale d'un pays, celle de la France, par exemple, doit présenter, avec le tracé du contour, la ligne de partage, le système des montagnes, les fleuves et leurs affluents, et les principales villes arrosées par ces cours d'eau. Cette Carte physique pourra ensuite servir de type et de fond aux Cartes politiques et statistiques, sur lesquelles on fera retracer les diverses divisions administratives, les voies de communication et de navigation intérieure, la faune, la flore, et même la structure géologique de la contrée.

Une Carte provinciale ou départementale, et il est bon d'en faire de cette sorte, doit être plus détaillée. Les montagnes, les cours d'eau, les arrondissements, les cantons, les voies de communication avec les autres départements, les localités importantes, y trouvent naturellement leur place.

Il est essentiel, dans ces Cartes particulières, d'indiquer au moins en gros les pays environnants. Il ne faut pas — ainsi que le font certains atlas — représenter la partie dont on s'occupe spécialement, comme on représenterait une île, la Corse par exemple.

La Carte cantonale doit contenir les communes, les chemins, les ruisseaux, les collines ou montagnes, — en ayant toujours soin d'indiquer les cantons environnants.

Enfin, la Carte d'une commune peut être une reproduction en petit, mais intelligente, du plan d'assemblage qui se trouve en tête du cadastre : les hameaux, les écarts, les principaux terroirs, les chemins vicinaux, les cours d'eau, les lieux historiques doivent y figurer ; mais là encore l'important est de se défendre de la minutie.

Toutes ces Cartes doivent être faites à l'encre, avec un emploi très-discret des couleurs; en un mot, sans recourir aux procédés graphiques qui exigent beaucoup de temps. Néanmoins, on peut se servir avec avantage de l'encre bleue pour dessiner les cours d'eau, cette couleur étant naturellement indiquée pour distinguer les rivières des autres lignes qui divisent un pays.

L'essentiel est d'arriver, par le moyen des Cartes, à apprendre la géographie d'une manière sûre, précise et sans confusion.

Revillout.

PROGRAMME DES QUESTIONS
Qui seront discutées au Congrès.

Première Section. — Section de Géographie physique.

1re Question. — Les cordons littoraux, et en particulier les cordons littoraux méditerranéens.

2e Question. — La végétation à Montpellier et dans les Cévennes dans ses rapports avec la nature du sol.

3e Question. — Étude de la succession des plantes sur le littoral méditerranéen.

2e Section. — Géographie politique, historique et préhistorique.

1re Question. — Faire connaître les vestiges laissés par les populations qui se sont succédé dans le midi de la France avant l'occupation romaine, et les traces du culte des divinités topiques en usage dans cette région au moment de cette occupation.

2e Question. — Rechercher notamment les traces des établissements fondés par les Grecs, les limites de leur commerce en Gaule et les souvenirs qui restent de leur passage, de leurs relations et de leur influence dans les inscriptions, les médailles et les noms de lieux.

3e Question. — Quel secours la connaissance des anciennes divisions ecclésiastiques de la France peut-elle fournir pour l'étude comparée des anciens *pagi* et des pays de l'époque postérieure, et la division en provinces sous Constantin ?

3e Section. — Géographie économique et Statistique.

1° Montrer combien le climat méditerranéen est différent de celui des autres régions ; étudier les conditions que ce climat impose à l'agriculture ;

2° De l'importance géographique de l'étang de Thau, au point de vue industriel ;

3° Unification des tarifs de chemins de fer ;

4° Établir quels sont aujourd'hui les rapports de la Statistique avec la Géographie.

www.ingramcontent.com/pod-product-compliance
Lightning Source LLC
Chambersburg PA
CBHW071444060426
42450CB00009BA/2304